ABEILLES ET GUÊPES

POÉSIES

Honorées d'une Médaille d'Or de l'Empereur

ÉPITRES, SATIRES

PAR

JOSEPH DESBRIÈRES

Deuxième Livraison [1]
OCTOBRE 1858.

PARIS

TYPOGRAPHIE DE HENRI PLON

IMPRIMEUR DE L'EMPEREUR

RUE GARANCIÈRE, 8

[1] *Chaque livraison est indépendante.*

ABEILLES ET GUÊPES

POÉSIES

Honorées d'une Médaille d'Or de l'Empereur

ÉPITRES, SATIRES

PAR

JOSEPH DESBRIÈRES

Deuxième Livraison [1]

OCTOBRE 1858.

PARIS

TYPOGRAPHIE DE HENRI PLON

IMPRIMEUR DE L'EMPEREUR

RUE GARANCIÈRE, 8

[1] *Chaque livraison est indépendante.*

A MONSIEUR LE GÉNÉRAL ROLLIN,

ADJUDANT GÉNÉRAL DES PALAIS IMPÉRIAUX.

GÉNÉRAL,

La bienveillance avec laquelle vous avez bien voulu accueillir la première livraison de mes poésies, et la distinction marquante que, sur votre recommandation, Sa Majesté l'Empereur a daigné accorder à un simple et obscur ouvrier comme moi, ont dû naturellement déposer dans mon cœur les germes d'une reconnaissance profonde, qui durera aussi longtemps que Dieu lui laissera la faculté de sentir et d'apprécier ce qu'on peut faire pour lui.

Les moyens de vous prouver cette reconnaissance ne sont pas nombreux. Permettez-moi donc de mettre à profit le seul qui soit en mon pouvoir aujourd'hui, et veuillez me pardonner d'oser vous dédier cette humble livraison, faible hommage qui vous prouvera du moins que votre généreuse intervention occupe dans ma pensée une place choisie.

Dans celle-ci, comme dans la précédente, Général, vous trouverez un amour profond pour la France et un dévouement sincère et raisonné pour l'auguste Famille dont le nom seul est un symbole de gloire et de prospérité pour elle.

Puisse-t-elle, comme la précédente, mériter votre bienveillante sympathie, et vous persuader que plus que jamais son auteur aime à se dire

Votre très-humble et très-respectueux
serviteur,

Joseph DESBRIÈRES.

L'AVENIR.

Qu'il est doux de parler d'un rêve de bonheur,
Et qu'il a sur nos sens un prestige enchanteur !
L'homme est si tourmenté dans sa courte existence,
Ses tribulations ont tant de persistance,
Que, quand d'un songe heureux Dieu dote son sommeil,
Son âme s'y cramponne et maudit le réveil.

Cette nuit, cédant donc aux lois de la nature,
Ma pensée égarée, errant à l'aventure,
S'agitait dans le vide et dans l'obscurité,
Quand tout à coup se fit une étrange clarté ;
A mes yeux apparut, calme et resplendissante,
D'une divinité la gloire éblouissante ;

Et je compris, voyant la majesté du lieu,

Que j'avais devant moi le tribunal de Dieu,

De ce Dieu tout-puissant devant qui tout s'incline,

Et sur l'ordre de qui tout naît et se termine.

Je me sentais sans force, anéanti, tremblant,

Me voyant si petit devant ce Dieu si grand,

Lorsqu'un Ange quitta le céleste entourage,

Et vint fort à propos relever mon courage :

« O poëte, dit-il, rends grâces au Seigneur,

» Qui veut bien t'accorder une haute faveur :

» Tu vas voir à l'instant, comme une page antique,

» Se dérouler pour toi l'horizon politique.

» Tu vas de ton pays connaître les secrets,

» Et voir comment on peut, par de sages décrets,

» D'un peuple batailleur, hargneux et difficile,

» Faire un peuple estimable, intelligent, docile;

» Ce que peuvent pour lui cinquante ans de repos

» Sous un gouvernement s'occupant de ses maux;

» En un mot, tu vas voir ton orgueilleuse France

» Se mouvoir et s'ébattre au sein de l'abondance. »

A peine eut-il parlé, que, prompt comme l'éclair,

Le divin messager disparaissait dans l'air,

Et je ne vis plus rien du sublime spectacle.

Mais j'avais devant moi la preuve du miracle,

J'étais environné de nombreux paysans,

Compagnons de ma vie et de mes jeunes ans.

Et le rayonnement de leur grave figure,

De leur bonheur pour moi fut le premier augure.

Chers et dignes amis! comme eux je fus joyeux

De les revoir tous là calmes et radieux.

L'un d'eux me fit surtout une surprise extrême,

Autrefois de l'Empire il médisait quand même,

Du désordre il était l'intrépide soutien,

Et souvent son esprit voulut vaincre le mien.

Pourtant je l'aperçois, sévère et raisonnable,

Et tout près de son cœur brille un signe honorable.

Je m'approchais de lui pour le féliciter,

Et je le vis bientôt dans mes bras se jeter.

« O mon ami, dit-il, c'est le ciel qui t'envoie

» Nous réclamer ta part de la commune joie.

» Nous fêtons aujourd'hui la Saint-Napoléon,

» Et la France partout aime à fêter ce nom.

» Autrefois, tu le sais, j'étais son adversaire,

» Mais j'ai déjà fêté plus d'un anniversaire

» Depuis que j'ai compris le rigoureux devoir

» Qui poussait l'honnête homme aux pieds de son pouvoir.

» Et depuis quarante ans j'use mon influence

» A répéter à tous : Bonheur et confiance !

» Aussi, pour couronner ma bienveillante ardeur,

» L'Empereur m'a reçu chevalier de l'Honneur. »

Bravo ! lui dis-je, ami, si dans tous les villages

La joie est à ce point peinte sur les visages,

La France est à cette heure un pays merveilleux,

Et dans son avenir tout marche pour le mieux.

Alors, plus que jamais, les peuples de la terre

Doivent sentir l'effet de son bras tutélaire.

« Oui, me répondit-il, tu dis la vérité,

» Nous ne vîmes jamais telle prospérité :

» Nos campagnes partout sont calmes, florissantes,

» Nos champs bien cultivés, nos moissons abondantes.

» L'agriculteur, heureux de se savoir compris,

» Ne quitte plus ses champs pour aller à Paris.

» Le bonheur et la paix règnent dans sa famille,

» Et chez lui, comme ailleurs, l'intelligence brille.

» Nos villes n'ont pas moins de satisfaction ;

» On n'y remarque plus cette agitation

» Qui venait autrefois, dérision amère !

» Armer le bras du fils contre celui du père,

» Et faisait ressembler aux sauvages païens

» Le plus civilisé des grands peuples chrétiens.

» Aujourd'hui la concorde a remplacé la haine,
» Et tous les combattants ont déserté l'arène ;
» Chacun a mis un terme à son ambition,
» Et sur-le même autel fait abnégation.
» Ouvriers et bourgeois, riches et prolétaires,
» De l'honneur du pays se sont faits solidaires ;
» Chacun veut travailler à sa prospérité,
» Et le laisser puissant à la postérité. »

La voix de mon ami, sonore, harmonieuse,
A peine terminait sa phrase merveilleuse,
Que, sans lui dire adieu, je n'aperçus plus rien.
J'affrontais de nouveau le monde aérien,
Et je vins, tout brisé d'une aussi longue course,
M'abattre sur Paris au palais de la Bourse.
J'entendis aussitôt un long cri de douleur,
Et je crus un instant avoir fait un malheur,
Me rappelant toujours l'affreuse multitude
Qui venait autrefois s'y livrer à l'étude ;
Mais je me trompais fort, le temple était désert,
Personne autour de moi ne parlait de transfert ;
Cinq ou six bourgeois seuls, d'un pas lent et tranquille,
Arpentaient gravement le vaste péristyle ;

Et je cherchais en vain, sur leurs visages froids,
Les traits plats et hideux des joueurs d'autrefois.
Tout respirait en eux le commerçant modèle,
Qui veut en toute chose être honnête, fidèle.
Pourtant deux hommes noirs dont le visage osseux,
La redingote usée et le chapeau crasseux,
Annonçaient clairement une misère étrange,
Vinrent se dire à moi courtiers d'agent de change,
Et m'adresser tout bas des supplications
Pour se débarrasser de quelques actions.
Les malheureux vraiment ne savaient plus qu'en faire;
Ils en avaient partout, par devant, par derrière,
Et l'on apercevait jusque dans leurs souliers
Des énormes rouleaux de Crédits mobiliers.
Tous ceux qui passaient là connaissaient leur figure,
Et s'en allaient riant de leur déconfiture.
« O temple du veau d'or, il était donc venu
» Le jour où l'on verrait ton peuple corrompu
» S'abîmer dans la fange et dans le ridicule,
» Excitant la pitié du passant qui circule!
» Ton public, moins avide, a donc enfin compris
» Que sa cupidité déshonorait Paris,
» Et qu'en prenant sur l'un la fortune de l'autre,
» Il outrageait la voix du grand et saint Apôtre

» Qui vint prêcher un jour l'amour et l'unité

» En mourant sur la croix pour la fraternité!

» Ton règne astucieux, de vols et de rapines,

» A donc enfin trouvé son chemin des épines,

» Et pour avoir voulu lutter avec le ciel,

» Te voilà méprisé, te roulant dans le fiel! »

Mais laissons là la Bourse et sa décrépitude,

Et vers d'autres sujets reportons notre étude.

Examinons d'où vient cette immense clameur

Qui semble être du peuple un long cri de bonheur.

Et voyons où se rend cette foule empressée

Qui nous paraît n'avoir qu'une même pensée;

Pénétrons avec elle au palais souverain,

Où chacun à cette heure entre au bruit de l'airain.

L'Empereur, nous dit-on, donne à tous audience;

Chacun peut réclamer sa haute bienveillance,

Chaque classe à son tour, par députations,

Lui présente aujourd'hui ses réclamations;

Et si quelques décrets sont jugés nécessaires,

Il les dicte sur l'heure à ses hauts dignitaires.

Toujours de la justice il écoute la voix,

Et c'est sur l'équité que reposent ses lois.

Héritier d'un grand nom, il le grandit encore,
Et porte ferme et haut le drapeau tricolore;
De son peuple jamais il ne brave les droits,
Et c'est pour sa grandeur qu'il rêve des exploits.
« O France bien-aimée, ô ma noble patrie!
» Tu la comprends enfin, cette voix qui te crie :
« Marche, marche en avant sans hésitation,
» Inscris sur ton drapeau : Civilisation.
» Au monde qui t'observe apporte la lumière,
» Et de l'humanité prends en main la bannière.
» Consacre à son bonheur d'énergiques efforts,
» Que les faibles par toi soient garantis des forts.
» Prêche à tous la concorde et les sages maximes,
» Enseigne la vertu, les dévouements sublimes,
» Et tu verras partout les peuples, pleins de foi,
» Accourir ardemment s'abriter sous ta loi.
» Mais ne leur montre plus cette soif des richesses,
» Pour l'or et les grandeurs ne fais plus de bassesses;
» Ne va plus tolérer ces hommes vicieux
» Qui prélevaient sur toi des trésors monstrueux,
» Et qui, pour assouvir leurs passions fatales,
» Nous livraient sans pudeur des luttes infernales;
» Et pendant que l'un d'eux s'engraissait plein d'orgueil,
» Mille autres lentement descendaient au cercueil.

» Fais que jamais ce temps ne puisse reparaître,
» Que chacun de tes fils ait sa part de bien-être,
» Qu'ils ne revoient jamais ces exploitations
» Qui soulevaient si haut leurs imprécations,
» Et si pour quelques-uns l'argent est nécessaire,
» Qu'on ne le cherche plus en semant la misère. »
» Alors tous tes enfants pour toi se dévoueront,
» Et les peuples du monde en tout t'imiteront :
» Tu seras souveraine, et jamais la puissance
» N'aura sur l'univers eu pareille influence. »

J'allais suivre le cours de mes réflexions,
Lorsqu'une voix cria : Gloire aux Napoléons !
Et la foule à l'instant, empressée, unanime,
Poussa le même cri dans un élan sublime.
La séance annuelle où chacun peut avoir
Son recours tout-puissant au souverain pouvoir
Venait de s'achever, comme sa devancière,
Aux applaudissements de l'assemblée entière,
Et je fus tout à coup transporté malgré moi
Au milieu de la rue et du peuple en émoi.
Là, je trouvais encore un changement notable;
Ce n'était déjà plus ce public détestable

Qui dans un autre temps par des propos jaloux
Paraissait toujours prêt à se moquer de vous,
Et qui, mêlant souvent l'injure à l'ironie,
Sans sourciller semait son grain de calomnie,
Déchirait sans pitié les réputations
Qui venaient déranger ses inclinations,
Courtisait son voisin pour voler son épouse,
Ayant pour sentiments l'âme basse et jalouse;
Ne croyant plus à rien, ne sachant plus aimer,
Et ne parlant de Dieu que pour le blasphémer;
Aujourd'hui, si j'en crois ce qu'on veut bien me dire,
Le public de Paris est moins prompt à médire.
Il comprend qu'ici-bas les hommes sont égaux
Et que, savants ou sots, riches, gueux, laids ou beaux,
Tous ne sont composés que d'un peu de matière
Qui sur l'ordre d'en haut redeviendra poussière;
Il sait qu'au milieu d'eux il faut être indulgent,
Qu'ils ont le fond léger, capricieux, méchant,
Et que, s'il voit commettre une action blâmable,
Il ne doit pas trop haut mépriser le coupable,
Mais lui donner l'exemple et lui tendre la main,
Pour qu'il rentre au plus tôt dans le plus droit chemin.
L'or n'est plus à ses yeux qu'un appât secondaire;
Ce qu'il veut avant tout, c'est qu'on le considère.

Avec soin de l'honneur il observe les lois,
Et chasse honteusement tous ses dieux d'autrefois.
L'amitié pour son cœur n'est plus un artifice;
Il est affable, humain, prompt à rendre service,
Et n'a plus, Dieu merci! l'esprit prétentieux
De vouloir gouverner la France par ses yeux.
Le plus timide écho du plus humble village,
Arrivé près du trône, a sur lui l'avantage,
Et son vieux point d'honneur ne s'en offense pas;
Il est placé trop haut pour s'inspirer si bas.
Il sait qu'un souverain sur la patrie entière
Doit laisser pénétrer ses rayons de lumière;
Enfin, s'il est bien tel et si j'ai bien compris,
Quel bon peuple, bon Dieu! que celui de Paris!

Voulant connaître à fond Paris et ses miracles,
J'allais, pour tout savoir, questionner mes oracles;
Mais je fus de nouveau par la foule emporté,
Et je dus me soumettre à son autorité.
Quand la foule à Paris vous entraîne avec elle,
Il ne faut pas songer à lui chercher querelle;
Il faut, bon gré, mal gré, la suivre pas à pas,
La tenant en respect par la force des bras,

Attendre sans humeur le moment favorable
De se glisser au loin de son sein redoutable.
Connaissant le moyen, j'allais l'exécuter ;
Mais elle était déjà difficile à quitter,
Et je compris bientôt que j'aurais fort à faire
Pour sortir le cœur net de cette rude affaire.
Déjà des cris perçants poussés autour de moi
Annonçaient des esprits dominés par l'effroi,
Et le flot grossissant chaque instant davantage,
Je voyais la pâleur gagner chaque visage,
Quand par enchantement cessa tout ce conflit :
Je me frottai les yeux, et j'étais dans mon lit.
Au lieu de cette foule inquiète, ennemie,
J'avais à mon côté mon épouse endormie,
Et son souffle à la fois paisible et régulier
N'avait rien de nouveau qui me puisse effrayer.
J'oubliai donc la fin de ma leçon d'histoire,
Et le commencement me revint en mémoire :
Je revoyais de Dieu le puissant tribunal,
Récompensant le bien et punissant le mal,
Jugeant, après la mort de chaque créature,
Si pour le saint royaume elle est honnête et pure,
Ou s'il doit la laisser dans les feux éternels
Rouler sur le bûcher des anges criminels ;

Je revoyais la France heureuse et confiante,
Tout entière au bonheur de sa fête brillante,
Paris régénéré proclamant hautement
Le dévouement qu'il porte à son gouvernement.
Chose étrange pour lui, qui pour l'instant se berne
D'être l'épouvantail du prince qui gouverne,
Et qui n'est tout au plus qu'un accident léger
Dont la France au besoin braverait le danger.
Mais il s'amendera, gardons-en la croyance
Et les Napoléon auront sa confiance.
Il comprendra bientôt, si la place du cœur
N'est pas en ce moment veuve de sa chaleur,
Que combattre un pouvoir et l'abaisser quand même,
C'est pousser la sottise à son degré suprême,
Et que sa haine aurait pour premier résultat
D'attacher à son nom l'épithète d'ingrat.
Mais il n'en sera rien, puisque Dieu pour m'instruire
Vient de me le montrer ne songeant qu'à l'empire.
« Espoir de ta patrie, ô jeune souverain !
» C'est toi que je voyais sur un trône d'airain,
» Entouré de ton peuple et de tes dignitaires,
» Rendre avec majesté tes décrets salutaires,
» Examinant de près les vœux et les besoins
» Des peuples confiés à tes augustes soins

» Et gouvernant l'empire avec des lois si sages
» Qu'on voyait le bonheur peint sur tous les visages.
» O spectacle si beau, pourquoi m'as-tu quitté?
» Deviendras-tu jamais une réalité?
» Tout cela n'est-il pas que le produit d'un songe,
» Et ce peuple si grand serait-il un mensonge?
» Mais qui donc s'oublierait sur un doute pareil?
» Autant vaudrait nier la clarté du soleil.
» Nous marchons à grands pas dans ce travail immense,
» Et déjà parmi nous le résultat commence.
» Enfant, réjouis-toi, Dieu marque ton chemin :
» Aujourd'hui si petit, tu seras grand demain
» Et tu continueras le règne de ton père;
» Tu verras ton pays riche, puissant, prospère.
» Prince, j'ai beau parler, tu ne me comprends pas;
» Mais pour toi la raison va venir à grands pas;
» Et nous prierons le ciel, qui protége la France
» Et qui voit sur ton front toute notre espérance,
» D'inspirer à ton cœur les instincts généreux
» Et les grandes vertus qui font le peuple heureux,
» Qui viendront parmi nous te donner la puissance,
» T'assurer à jamais notre reconnaissance,
» Et nous faire pousser des acclamations
» Dignes de l'héritier des trois Napoléons. »

La satire suivante, inspirée par l'émotion que jeta
dans tous les cœurs l'horrible attentat du 14 janvier,
perd un peu de son à propos aujourd'hui que cette
émotion est calmée, et surtout au lendemain du voyage
que Leurs Majestés viennent de terminer si heureuse-
ment, dans lequel elles ont pu voir une grande partie
de la population de l'empire se presser pleine d'en-
thousiasme et de bonheur sur leur passage, les accla-
mer partout d'une manière qui prouve sans réplique
la confiance qu'elle a dans le présent et les hautes
espérances qu'elle fonde dans l'avenir sur le trône
impérial.

Néanmoins, je ne crois pas sa publication superflue,
ne fût-ce que pour faire entendre de nouveau à ceux à

qui elle est adressée le cri d'indignation qui sortit alors
de tous les cœurs français; et puisse celui-ci, parti des
entrailles mêmes du peuple, leur jeter un rayon de cette
lumière dont ils ont tant besoin, et les éclairer sur le
renouvellement d'un attentat monstrueux, aussi odieux
qu'inutile.

Septembre 1858.

AUX RÉFUGIÉS POLITIQUES.

Honte et malheur sur vous, prophètes spadassins,
Qui de loin saluez de lâches assassins,
Et venez sur leur front poser une couronne [1] !
Quand l'univers entier de leur crime frissonne,
Quand le dernier des huit, mortellement touché,
Aujourd'hui dans la tombe est à peine couché,
Quand nous voyons encor leurs enfants et leurs mères
Exciter la pitié par leurs plaintes amères,
Quand l'honnête homme enfin, quelque soit sa couleur,
Contre de tels forfaits s'élève avec chaleur,

[1] Tous les journaux ont parlé d'une réunion des réfugiés de Londres, dans laquelle les bustes d'Orsini et de Pieri ont été couronnés aux applaudissements de l'assemblée.

Vous osez du coupable exalter la mémoire
Et d'un crime honteux lui faire un point de gloire,
Et vous ne craignez pas de voir tomber sur vous
Du Dieu que vous bravez le trop juste courroux !
O dépravation de la nature humaine !
La race de Caïn est-elle souveraine ?
Les bons vont-ils plier sous le joug des méchants,
Et faut-il se soumettre à leurs mauvais penchants ?
Mais, non, n'outrageons pas la divine puissance ;
Exprimons-lui plutôt notre reconnaissance ;
Elle a voulu montrer aux yeux de l'univers
Les coupables instincts de ces hommes pervers,
Mettre à nu leur pensée et leurs desseins intimes,
Et sauver de l'erreur les trop faibles victimes,
Qui, croyant au grand mot d'émancipation,
Se dévouent sottement à leur ambition ;
Elle a voulu prouver que l'empire est son œuvre,
Et qu'il ne dépend pas d'une indigne manœuvre
De venir au milieu d'une acclamation
Apporter tout à coup la désolation.
D'un rayon lumineux, comme l'astre qui brille,
Elle entoure les fronts de l'auguste famille,
Et montre clairement son éternel dessein
D'arrêter à propos le bras de l'assassin.

Prêchez donc à votre aise, orateurs sanguinaires,
Recrutez dans vos rangs vos lâches mercenaires,
Applaudissez le crime, encouragez le mal,
Et pour nos condamnés dressez un piédestal.
Le monde, stupéfait, contemple vos désordres,
Et pour s'en garantir donne partout des ordres.
Ce titre de proscrit qu'on aime à respecter,
Personne avant longtemps n'osera le porter ;
Vous attirez sur lui la haine universelle.
Le proscrit d'autrefois a fait place au rebelle.
Et nous dont le travail est l'unique moyen,
Nous qui lui demandons notre pain quotidien,
Nous savons, sachez-le, que l'ordre est nécessaire,
Que l'agitation enfante la misère,
Et nous laissons passer sans soucis ni regrets
Les provocations de vos avis secrets.
Nous avons vu de près votre patriotisme :
Il a sa tache d'encre et son grain d'égoïsme ;
Vous voulez le pouvoir et son autorité,
Pour afficher l'éclat de votre vanité,
Et si vous remontiez à ce poste suprême,
Nous vous verrions encore, occupés de vous-mêmes,
Laisser à l'abandon le peuple et ses besoins,
Et de vos intérêts régler les petits soins.

Aussi, sachez-le bien, l'ouvrier n'est pas dupe,
Il sait depuis longtemps ce qui vous préoccupe.
Si quelques-uns de vous sont probes, vertueux,
Il en est beaucoup plus qui sont ambitieux,
Et veulent à tout prix troubler la paix publique
Pour fonder leur fortune avec la République.
Mais, vous pouvez d'avance en prendre votre deuil,
De son gouvernement le peuple est plein d'orgueil !
Il a foi dans sa force et dans sa loyauté,
Et cède sans contrainte à son autorité.
Si nous voyons encor des têtes turbulentes
Colporter parmi nous vos haines violentes,
Celles qui verront clair bientôt s'amenderont,
Et leurs chefs entêtés sans bruit s'éclipseront
En voyant leur pays, confiant et tranquille,
Des révolutions quitter le champ stérile,
Et se grouper autour du glorieux drapeau
A qui Napoléon donne un lustre nouveau.
Quiconque est à l'écart des partis politiques,
Et juge sainement les affaires publiques,
Ne saurait refuser son admiration
Au pouvoir qui si haut place la nation,
Et qui sait au dedans la rendre florissante,
Quand à l'extérieur elle est forte et puissante ;

En vain vous vous liguez pour le vaincre aujourd'hui :
La France le soutient, et Dieu veille sur lui.
Vous ne récolterez dans vos luttes coupables
Que le juste mépris des hommes estimables,
Et du peuple, troublé par votre ambition,
Vous entendrez partout la malédiction !
Châtiment mérité qui dira sans réplique
Le peu de cas qu'il fait de votre République ;
Il sait que le progrès arrive lentement,
Et qu'il peut se fier à son gouvernement ;
Que, loin de s'attaquer à son indépendance,
L'Empire veut surtout avoir sa confiance.
Partisans du désordre et des calamités,
Laissez-nous donc en paix gagner nos libertés !

AUX RÉDACTEURS

DU JOURNAL ANGLAIS *LE TIMES.*

SATIRE.

Étranges écrivains, dont la plume terrible
A la prétention de se croire infaillible,
Et qui, tous les matins, à l'univers surpris,
Déclare que la France est un triste pays ;
Que son gouvernement est rude et tyrannique,
Qu'il n'a pas dans son peuple un appui sympathique,
Qu'il impose ses lois en semant la terreur,
Et que ce moyen seul sauve son Empereur ;
Que le peuple français se déchire les veines,
Qu'il se ronge en silence et dévore ses peines,
En maudissant tout bas la vigoureuse main
Qui de son avenir dégage le chemin ;

Qu'il n'est pas un seul homme indépendant et libre
Qui daigne de son cœur lui laisser une fibre ;
Qu'enfin chacun ici cherche une occasion
Pour se débarrasser de sa protection !

En vérité, messieurs, votre audace est superbe,
Vous êtes, on le voit, de grands hommes en herbe,
Et vos discours, si pleins de perspicacité,
Iront porter vos noms à la postérité.
Près de vous, je le sais, je suis si peu de chose,
Que je ferais bien mieux de rester bouche close ;
Pourtant je veux crier à votre grand journal
Qu'avec la France il joue un jeu vil, déloyal,
Qu'il édite à grands frais d'infâmes litanies
Qu'il sait pertinemment être des calomnies ;
Qu'il insulte à la fois la France et ses lecteurs
En publiant ainsi des écrits imposteurs !
Qui donc oserait croire un fait si ridicule,
Que chez nous le progrès disparaît ou recule,
Et que nous souffrons tout pour un gouvernement
Qui n'a pas la moitié de notre assentiment ?
Allons donc, messeigneurs, changez votre tactique :
Votre esprit ne vaudra bientôt plus la réplique.

La France est orgueilleuse et porte le front haut,
Et si l'Empire est là, c'est l'Empire qu'il faut.
Il n'est pas de pouvoir qui régnerait sur elle
En bravant ses instincts et lui cherchant querelle ;
Son armée est vaillante, et dans ses vastes flancs
Chacun avec orgueil voit entrer ses enfants.
Chaque famille au moins y compte un fils, un frère,
Et quand vous accusez son esprit téméraire,
Quand vous lui reprochez d'aider à l'Empereur
A semer parmi nous la crainte et la terreur,
Vous dites simplement des choses impossibles.
Nous connaissons son cœur, et nous sommes paisibles.
Nous nous moquons de vous, et votre grand journal
Peut monter à son gré sur son fameux cheval,
Et, nouveau Don Quichotte, aller dans chaque rue
Fendre en deux les Français qui lui troublent la vue ;
Tous ceux qu'il tue ainsi ne s'en portent que mieux,
Et son inimitié n'a rien de sérieux.

Ah ! si la France était, comme votre Angleterre,
Un pays de noblesse et d'extrême misère,
Où le riche prend tout et traite comme un chien
L'honorable artisan qui ne possède rien ;

Où l'on voit des bambins en brillant uniforme [1]
Au milieu des soldats paraître pour la forme,
Et tenant dans leurs mains une épée en carton
Commander une armée à cause de leur nom ;
On pourrait à bon droit, en contemplant ces braves,
Crier sur tous les tons que ce sont des esclaves,
Et qu'un gouvernement qui veut se maintenir
N'a besoin que d'un jonc pour se faire obéir.
Mais notre armée à nous ne tient pas à l'enfance.
Avant chaque pouvoir, elle défend la France ;
Ses chefs, jeunes ou vieux, sont de rudes guerriers
Qui sur l'ennemi seul vont cueillir des lauriers.
Et si pour l'Empereur elle a pris de l'estime,
C'est qu'elle sent un cœur battre dans sa poitrine,
C'est qu'elle voit par lui son glorieux drapeau
Majestueusement s'élever de nouveau ,
Et porter sans retard, à tous les bouts du monde,
Aux peuples ignorants sa lumière féconde ;
C'est qu'enfin son pays, sous les Napoléons ,
Au premier rang se place au ban des nations.

---

[1] Tout le monde sait qu'en Angleterre, comme autrefois en France, les régiments s'achètent et se payent argent comptant, et qu'il n'est pas rare de voir des enfants de dix à quinze ans, et même au-dessous de cet âge, commander des régiments de l'armée anglaise.

C'est là ce qui vous blesse, écrivains d'Angleterre.

Vous nous croyez déjà les maîtres de la terre,

Et vous vous figurez nos soldats glorieux

Suivant droit le chemin qu'ont suivi leurs aïeux.

Mais tranquillisez-vous, calmez vos faibles têtes,

La France en ce moment ne veut plus de conquêtes.

Elle a d'autres désirs et d'autres passions :

Elle veut prévenir les révolutions ;

Elle veut empêcher ces batailles terribles

Qui dans l'humanité font des brèches horribles ,

Et donner à son peuple un bienfaisant pouvoir

Qui de bien gouverner s'impose le devoir.

La France et l'Angleterre ont besoin d'être unies.

Cessez donc, il est temps, vos sottes calomnies ;

Travaillez au contraire à fonder l'union

Qui pour devise a pris : Civilisation !

Et qui dans l'univers, par sa seule présence,

Des faibles et des forts réglera la puissance ;

Ou, si vous persistez dans votre folle humeur,

Si rien ne peut calmer votre ardente fureur,

Osez donc avouer votre pensée intime ,

Poussez votre pouvoir à braver notre estime ;

Déclarez-nous la guerre, et l'épée entre nous
Montrera qui des deux doit se mettre à genoux !
La France de nos jours est simple autant que bonne,
Elle connaît sa force et n'insulte personne ;
Mais si pour la braver quelques gouvernements
Osaient dénaturer ses nobles sentiments,
Si quelqu'un outrageait sa loyale bannière,
On la verrait soudain, poussant son cri de guerre,
Dégaîner son épée, et, jetant le fourreau,
Chercher résolûment la gloire ou le tombeau !

Si jamais, écrivains, votre âme déloyale
Parvenait à briser l'entente cordiale,
Ce fardeau pour vos fronts serait grave et pesant,
Et vos débiles mains seraient rouges de sang.

LA TROISIÈME LIVRAISON

CONTIENDRA

LA RELIGION DU CHRIST

POÈME.

L'AGRICULTURE

POÈME.

L'ADULTÈRE

SATIRE.

COMMERCE ET PROBITÉ

SATIRE.